www.ingramcontent.com/pod-product-compliance
Lightning Source LLC
Chambersburg PA
CBHW021336160726
47994CB00007B/2718

في الغيب مُتَّسَع

محمد محمود محمذن

في الغيب مُتَّسَع

شعر

إصدارات دائرة الثقافة، حكومة الشارقة 2023 م

الناشر: دائرة الثقافة ـ حكومة الشارقة ـ الإمارات العربية المتحدة

الهاتف: +971 6 5123333

البرّاق: +971 6 5123303

الموقع الإليكتروني: www.sdc.gov.ae

البريد الإليكتروني: sdc@sdc.gov.ae

811.9661
م م . ف
محمذن، محمد محمود
في الغيب متسع / محمد محمود محمذن.ـ الشارقة، الإمارات العربية المتحدة : دائرة الثقافة، 2023.
84 ص. ؛ 21X14 سم.
1. الشعر العربي – موريتانيا – دواوين وقصائد
أ. العنوان

ISBN: 978-9948-803-91-1

الإهداء

لكل:

- أمٍ فخورةٍ بولدِها... ولكل العظمةِ وهي أمي..

- البنِّ في القهوة والزُّنجِ والضفةِ وشَمامَه.. ورائحة بابا عثمان

- البراءةِ والأصدقاء والسفر

- في ركوب الموجِ/الخلاء وكل معاني الصعلكة والهيمان

- إلى كل الشعر في صديقي وحبيبي / محمد إيدومُ

وإلى العوائش:

عائشة مولاي

عائشة إسلامه

وللغائبين دائماً..

...

وفي السطرِ

فوقَ تخيُّلِ كل القصائدْ

وفي زخمِ الولعِ المستجيرِ منَ الأمسِ بالثورةِ القادمة

تدحرجَتِ الفكرةُ الهائلة!

ففي ثورةِ الحرفِ صاحَ الملايينُ

منا:

دعِ السطرَ يكبرُ يا عسكريَّ التقاليدِ ذا الخوذة المائلة!

متـسعُ المـجازِ

في الغيب متسع

دهرُ القصيدة

شاطئ الأشواق!

حيثُ المناسكُ

لجةُ الإغراقِ

أنا متعب..

وسفينتي ورقية

أأخوضُ قاعَ البحرِ

في أوراقي؟

في الحب يخلقني التناغمُ

خلسة

لكن أذوبُ

بهمسةِ الأحداقِ

أنمو كسنبلة تفاقم وعيُها

لتبدد المأساة

في الآفاقِ

مدنُ الجنون تضجُّ

حين نزورها...

والذكرياتُ مدائنُ العشاقِ!

إذ تتنكر الأنهار عهد صفائها..
ويفسر الشلالُ لونَ الساقي

وتلونُ الآمالُ
كل ظلالنا
وتسافرُ الأحداقُ في الأحداقِ!

في الغيبِ متسعٌ...
لأرصفة المدى
فالبشرُ ينكرُ
لحظةَ الإزهاقِ

تصوفٌ خارجَ السبحة

جعلتني

الظنون لحناً تباهى

وجرى الشكُّ مسرعاً في مداها

يا ظلالي إذا عكستُ المرايا

نحو عمقي

فلا أكادُ أراها

صدقيني..

لقد أعرتُ انتباهي!

لكنِ الغيبُ لا يعير انتباها!

مذ رمى الوقتُ دهشةً فوقَ صوتي!

فتمايلت نشوة إذ رماها

في الموسيقى رأيتُ كنهي فصارتْ

سجدةُ الغيمِ تستحيلُ جباها

في مدى الحقَّ يعتريني ذهولٌ

وفضولٌ رمى السؤالَ وتاهَ

كم قطعنا مسافةً وعبرنا....

نحوَ فجر

العقولِ, عبر دجاها؟

كم علينا من الرجوعِ إلينا؟!

فنطاقُ العقول

خان صداها

وتنامى بوسوساتٍ عجافٍ

يشربُ الليل

من عصور بناها

وتلاها كدمع قلبٍ قديم!

يتداعى إذا المساء تلاهى!

لم أزل فيهِ تائها

يا لَعَقْلي!

كيفَ ضجتْ به العقول فتاها

ملعقةٌ طازجة من الشك!

ولا شيءَ يِقطعُ ترنيمتي

فكل القصائد حبلى بحرية

السطرِ عمداً وخوفاً من الجري

في دهشة للأمامِ

بعيداً بعيداً عن

الهمس في داخلي

ونأيا عن السربِ

لنشربَ كل ظلال العلومِ ونشقى

ونولدَ في ألفِ ظامٍ

يراودني في المحالِ المحالُ انتباهاً إليكِ

ويجرحني فوراً ضجيجُ التناسقِ في المفرداتِ

ومرحلةٌ من ضياعِ الكلام!

هل الشعر هو الليل؟!

فكيف لفيروز أن تفضح الصباحات؟!

وكيفَ نحاولُ كتمَ صياحِ القنوتِ صباحا؟!

وكتم قصائدنا في الصباحِ وزخاتِ ألوانه في الغمامِ..

وما سرُّ تعليقٍ بعضِ الرموزِ على جيدِ كاهنةٍ في المساء
وتكفيرها في الصباح؟!
وما سر تلوين كل الوجوهِ بلونٍ سريعٍ
إذا شاعَ فرقَ وحدته في الترامي!

وكيفَ نصدقُ كل الأكاذيبِ, ونمحو جميع التواريخِ
نصلبَ كل القناعاتِ
وننكرَ هذا جميعا
لأنا «حذامِ»..

وكيفَ نمارسُ فينا طقـوسَ البدايةِ دونَ اللجوءِ إلى لوعةٍ في
السؤال؟!
وكيف نناقشُ ما نشتهي في العقول؟!
وكيف يثورُ الحلالُ الجميل
على هاجسٍ مفعم بالحرامِ

لماذا يروضنا في القطيعِ التساهلُ؟ كيف الخلاصُ من الشكِّ؟!
كيف الضجيج؟!
أين الحقيقة منا؟!
أما ملَّ عقلُ الفراغِ من النومِ عمداً
وفرقعة الوقتِ وسطَ التعامي..

غداً سوفَ نأخذ ملعقةً من صراعِ الحضاراتِ
ممزوجةً بملعقة من صراعِ الثقافاتِ
لنخلطَ ذلكَ في قهوةٍ من هديلِ الصراحةِ
لنعرفَ كيفَ يمزجنا في الخرائطِ لحنُ الصدامِ!

ما لم تنطق به العدسة!

من اللا مترٍ

أرقى في الملامح!

لأني في عيونِ الحب سابحْ!

أضجُ إذا اقتربتِ

أصيرُ نهراً

من الأشعار

يجري في المسارح..

إذا لوحتِ تنزاح المرايا
كأنّ جنوننا
أوراقُ سائح!

تجولُ خواطري في ترجماتي
وأعبرني وعطرُ اللحظ
فائح

وأشربني على حينِ
ابتهالٍ
وأرمقني على وجَعِ الصفائح!

يبددني هواكِ

بلا طموح

لأشرحَ لوعة في كل طامح!

لأفضحَ داخلي أبدي وبني

ونشربَ نشوة

تلك الفضائح!

فلا يسعُ التشكلَ أيَّ ضوءٍ

ولا برقِ

من اللاوعي لائح!

فمن وجهِ الملاكِ / المحضِ

جاءت

تباشيرُ التوغلِ

في المدائح..

متسعُ دومِينوز

«دومينوز»

«- كان هذا كله حلماً، أليس كذلك؟
- ما الذي كان حلماً؟
وقرأتُ في عينيها: كان يمكن أن نسعد للأبد»

فيودور دوستويفسكي

«دومينوزُ»

يا منفايَ

مذْ أبصرتُني

متوضئاً بثقافة الأبراجِ

وأسير خلفي

والدروبُ شوارعُ

ثكلى،

تؤمل

لحظة الإدلاجِ

شعراً أبوحُ بسر بنت

لوحتْ

لتُكسِّرَ الأنغامَ فوقَ مَزاجي!

تتنزاحُ كالأمواجِ فوقَ

بداهتي..

مثل انتباهِ الوعيَ في الأمواجِ!

الوقتُ

يشرحُ ما بنا من دهشةٍ

والشعر

يصلبُ لحظةَ الحلاج!

اللحنُ يرقصُ في تفاصيلي
وفي
حدقِ العيونِ يضجُّ لونُ زجاجي!

أمشي على نغمِ اللقاءِ محاولاً
تلوينَ ضحكاتِ
الجنون
العاجي!

في الخطوِ تعزفني تفاصيل

وقد

فضَّ الرصيفُ

مكامنَ الأدراج!

لا شيءَ يعصمُ لوعتي من لعنةٍ

حبلى تفيضُ

بترجماتِ الناجي!

هي كالجنون وكالغرابة منتهى

في الدهشةِ

العذراءِ

في الأمشاجِ!

كل الذي ينتابني

في لحظةٍ

هو مشهدٌ من وجهها الوهاجِ!

أشواق البجع

لَبّيتُ فيكِ الشّوْقَ، حينَ دَعَاني
وَعَصَيتُ نَهْيَ الشّيبِ، حينَ نَهَاني

البحتري

يُلوّحُ

القلقُ المنحوتُ والولعُ

من شرفةِ البوحِ

تهياماً بمن رجعوا

ضجّ الحنينُ بنا في حينِ مفترقٍ!

كأنه ما يُرى

«في الغيب متسعُ!»

أسافرُ الآن

لكني على أمل

أن لا يقطعني في ريبِهِ الوجعُ

دعوا العيونَ تراني في حقائبها

أرجوكُم بـ «سماء الحب»

أن تدعوا

صلى بنا الشوق إعلاناً لغربتنا

وأفصحَ الآن عن أشواقِهِ

البجعُ

دعوا الحقائبَ والأسفارُ ناضجةٌ

تعيثُ فينا فراقا

كله بدعُ

تهب في الورقِ المنثور أرصفة

قد اصطفاها إلى ألوانهِ

الفزعُ

ففي الوجوهِ نرى ماءً نضج به

وأهلها في دجى الأوقات

قد هجعوا..

ثقبٌ في مرثية بابا عثمان

«إن أعذب ما تحدثه الشفاه البشرية هو لفظة الألم...»
جبران خليل جبران

ثوى كل الجنونِ بلا دواعٍ
صلاةً في الضياعِ بلا
خشوعِ

تصفقُ في المكانِ بغير صوت!
يدٌ في الحرفِ
تعبقُ
بالدموع

فأذكرُ ضحكةً ملأت فضائي

وضج بنبضها وهجُ

اليسوعِي

قوامُ قصيدتي

كعبٌ تعالتْ

بها الأصوات عن سطحِ الوقوعِ

صعدتَ مرصعاً بدمِ الحيارى

ونمتَ لتعتري

هوسَ الهجوعِ

جمعتَ شتاتنا وبنيتَ فينا

أراجيحَ

الغرابة في الضلوعِ

تفوحُ سلاسة وتفيضُ وعياً

قداسةَ لحظةٍ

بين الشموعِ

موسيقى الجن تعرفك اندلاعاً

في لا أشياءَ

مندلَع السطوعِ

نحنُّ إليكَ

تحنانَ الملاهي..

فيدفعنا المحالُ

إلى الرجوعِ

وناي الشوق يسجن ما تبقى

من الألحانِ

في نسقِ الولوعِ

وطبلُ الوجد بعدكَ خانَ عهدي!

ليرعبني من الإنسِ

الهلوعِ

أيا أبتي المليءَ بكل شيءٍ

موسيقَى الحب

قهقهةُ الربوع!

أنا في العهد منتظراً مساء

ليرويَ باللقا ظمئي وجوعي..

معراج مقتبس..

قلبُ المحب

جداولٌ وحقولُ

تنمو وتزهر بينهن

عقولُ

يرتاحُ معطفهُ

ليصــــحوَ ليلُه

ويصيبَه فوق الذهــولِ

ذهولُ

في الذاتِ..
يعرجُ مترعاً
لمقامه
يغتالهُ عند العـــــروجِ
حلولُ

من ضحكةِ امرأة
تضجُّ ببنها
تنزاحُ بُعد ضفـــائرٍ
وتقولُ:

«الذكرياتُ مدينة من صنعنا»
آلتْ بها الأحـــوالُ
كيف تؤولُ

من قهوة..
شربتْ قصـــائدَ ثائرٍ
وغدتْ تجولُ بوعيها
وتصولُ

ترتاحُ في النخب المعلل
بالرؤى
وتزفها للحاضرينَ بتولُ..

من شاعر..
سجد المجاز لعمقهِ..
فتوتر الإلهام حين يقولُ..

جاءتْ عراجيني وألهمَ لوعتي
ليمسني نحو الغموض ميولُ..

حفلة صاخبة فوق دار المسنين

لأن القطيعة..

شيء جديد!

سيكبُر فينا تحدي الكلامْ!

لأن الخروجَ عن السربِ!

جرمٌ!

سينكرُ فينا الوراءُ الأمامْ!

سنسألُ!
هل في السؤالِ امتعاضٌ؟!
وهل في السؤال الجريءِ
اقتحامْ!

لماذا
تجذرَ وهمُ القبيلةِ..
فينا!؟
وأغمضَ عينَيْ قطيعٍ .. ونامْ؟!

وكيفَ نعيدُ

إلى الوجهِ .. وجهاً!

وكيف نربِّي ضِفافَ السلامْ؟!

لنُقنعنا

أننَّا في السطورْ..

وسامٌ تجلى إلى ود حامْ!

لنعبرَ من هُوةِ الغيب

عُمقاً!

لنشكرَ في النورِ هذا الظلام!

لنجلسَ
فوقَ الخيالِ ونمشي..
على الوقتِ، نرقصَ في الإنسجام!

فـ «نحنُ»:
خلقنا من الوعيَ سَهواً
ومن ضجةِ العمقِ وسطَ الزحامْ!

وقمنا نصلي لميلادِ حرفٍ
تصوفَ
ملء نصوصِ الغرامْ!

فهز إلينا بجذعِ المرايا
لنفضحَ فينا:
(مرايا الكلام)

مُتَّسِعُ التَّدرجِ
في اللاإرادي

شـايٌ قزحِـيٌ!

«الشايُ مزاجٌ سريع»

في الشايِ

تنشرُ لوننا النكهاتُ

ولأروعِ الأشياء فيهِ نباتُ..

مطر يُضاحكُ

في الكؤوسِ

جماعةً

لتصوغهُ في اللحظةِ الضحكاتُ

ما يرتجيهِ الوقتُ
من أنغامِهِ
يرتاحُ فيهِ مدى الحقول رعاةُ

في البدوِ ألفُ حكاية
عنوانها:
«كم أدركت لا وعيها اللذاتُ»

في الرملِ
تضحكُ نبتة مهووسةٌ
بالشايِ
تشهدُ ضحكها النوتاتُ..

في الحقل

ترقصُ نسمةٌ حيوية

فيثيرنا إذ ترقصُ النسمَاتُ

في المنتهى الأفقي ذابت نجمةٌ

فتناثرتُ إذ ذابتِ

الأوقاتُ..

إيقاع داخل الكأس!

اللحنُ يرقصُ نشوةً

في الكوبِ

متناثراً من صوتك المسكوبِ

يا «بَابَ» يا زريابُ

في ضحكاتنا

يا لوعة في الخاطرِ المسلوبِ

تتناسلُ «الرداتُ» منكَ كأنها

كل الجهاتِ

ولاتَ حينَ غروب

وتضجُّ فيكَ بداهة أصواتنا

فضلاً لنا

قد جادَ بالمطلوبِ

«لِكْحالُ» مرحلةٌ تسيلُ بداهةً

لتفجرَ الأنهار

في المجدوبِ

«لبياظ» يعصرُ من تفاصيلي

التي

تُشتَقُّ منه

قداسةَ المحبوبِ

«لِبتيتُ» يرحلُ بي إليَّ ويرتمي

كالواضحِ المنسي

في محجوبِي

ورشفتُ منكَ لعلني

في لحظةٍ

أشقى

ليشقى الوتر في المكتوبِ

فقديمة حد انتشاءِ المنتهى

ترنيمةُ

«المعزوف والمكتوبِ»

عكسَ الاتجاه!

الشعر ينضجُ في أكوابِك الجُددِ

كالذكرياتِ تثير

الهم في خلدي

واخترتُ نسلَكِ

في الألحاظ مدرسة

تشفي الأراجيحَ

من هولِ المدى الأبدي

أسائل الغيمَ عن تفعيلة شردت

فذبتُ شوقاً

إلى موالها الشردِ

لا شيء يُحصي التباساتي فقد لبستْ

ثوبَ الحساباتِ

إذ تنزاحُ في العددِ

فهي المغلفُ بالأشياء..

أعظمُها

يسيرُ من بلدٍ منها إلى بلدٍ!

ويستحيلُ إلى صوتٍ تقطعني

ناياته

بلظى الأناتِ

والكمدِ

كل المواويل في الأسماءِ نخلقها

حتى نرى الثابتَ المرموق

في الغيَدِ

قد يعترينا ذهولٌ

إن سقطتِ بنا

فأعشبَ الخاطرُ

المرهونُ للرشدِ

فأنتِ كل انتماءاتِي التي

برحتْ

تسقي البحيرةَ

من إغفاءة الزبد!

نوع آخر من أنواعك!

«أنا آسف لأنني سيئ في الحب، لكنني أحببتك
بكل ما أملك من سوء»
فيودور دوستويفسكي

عيناكِ ترتحلان بي إليَّ

وعُدتي

في ذلكَ السفرِ

الطويلِ قصائدي!

كم يعجزُ المعقولُ

أن لا يقتفي

أثري..

يموتُ على تحدٍّ صامدِ!

كم تقلقُ النيرانُ فيَّ

وتشتكي

وجعَ الرمادِ

إلى لهيبٍ خامد

عيناكِ، باسمتينِ،

في لحظيهما

خشعتْ

مواويلُ الكلامِ

الخالدِ

متَّسَعُك!

حقائب القادمين من غبار التاريخ
(تگانت حين لا حرف يتسع)

«إن تاريخ العالم ليس إلا سيرة الرجال العظماء»

توماس كارليل

«تگانتْ».. «تگانتْ»..

تُغني الحقولُ

وفي ضحكةِ الرعدِ سرُّ التباسي

تگانتْ.. وطارتْ

حماماتُ وعيٍ

كأنَّ القصائدَ محضُ اقتباسِ

«تگَانتْ».. «تگَانتْ»

ذهبنا إليها .. فأدهشنا الرقصُ فوقَ التماسِ!

وأذهلنا في مياهِ الكلامِ

هدوءٌ يؤرجحنا

في النعاسِ

«تگَانتْ».. وألقى الجميعُ حيارى

عقولاً

وفوضَى

جنونَ أماسِ

وجازوا بحارَ الغرابةِ ليلاً

ويلقونَ في اليَمِّ

طعمَ المآسي

وقابلهم في النجاةِ نبيٌّ

عظيمٌ

تشكَّل في كل راسٍ

وأخبرهم أنهم نسلُ ماضٍ

تجلى

عن الموتِ في أي ناس

وأنّ قليلاً من الموتِ فيهم
ستذكرهُ الريح كل احتباس..

وعادوا إلى الأرضِ
همْ سرها..
وسر الوجوهِ التي في الرواسي

فكانت تكانت تُشعُّ احتفاءً
بهذا التوهج والانعكاسِ

ومروا على أعينِ الوقتِ كانتْ

ترحبُ

غرقى بألفِ انبجاس

تگانت.. ولا شيء إلا جنوني

وعقلي ونقلي وحبي وناسي..

لحظة ..

أطيرُ إليكِ ممتطياً غرورا

تكابدُني سماؤك

أن أمورَا

وتشرحني الأمورُ

وليتَ شعري

يفسرُ في تفاصيلي الأمورَا

فلحظتكِ الجميلةُ
مفرداتٌ
تفجرُ في ينابيعي الخمورَا

عديني أن تظلي كل شيءٍ...
يقربنا إلى الآتي
نذورا...

عديني بالغيابِ على حضورٍ
فإن غيابنا
يلدُ الحضورَا

الفهرس